Werner Ehlen

Irrwege und theologische Sackgassen der kath. Kirche

und Orientierung am Zentrum

Impressum

Copyright © 2021 Werner Ehlen
Titelbild © Werner Ehlen
Herstellung und Verlag:
BoD – Books on Demand, Norderstedt
ISBN 9 783 75262 877 7

*Bibliografische Information der Deutschen Nationalbibliothek:
Die Deutsche Nationalbibliothek verzeichnet diese Publikation in
der Deutschen Nationalbibliografie; detaillierte bibliografische
Daten sind im Internet über <u>dnb.dnb.de</u> abrufbar.*

Inhalt

Vorwort

Wie komme ich dazu, mir anzumaßen, zu entscheiden, welche Ansichten und Lehrmeinungen der katholischen Kirche „Irrwege" sind und welche nicht? Ich habe nicht einmal Theologie studiert, sondern „nur" Religionspädagogik an der FH in München. Anführen könnte ich zu meinen Gunsten über 40 Jahre Erfahrungen in und mit der Kirche, noch mehr unzählige Fortbildungen, Seminare und Vorträge von anerkannten theologischen Kapazitäten und ein nie ermüdendes Interesse an eigener Weiterbildung durch Literaturstudium.

Ein wesentliches Kriterium ist für mich aber ganz einfach auch der gesunde Menschenverstand. Ich kann nicht glauben, dass Gott uns den Verstand gegeben hat, um ihn beiseitelegen zu müssen, wenn es um Glaubensfragen geht.

Und so denke ich, dass überall dort, wo der gesunde Menschenverstand theologischen Aussagen, Lehrmeinungen, Dogmen oder Bischofsworten widerspricht, diese sehr genau überprüft werden sollten auf ihren eigentlichen Inhalt und gegebenenfalls revidiert werden sollten.

Ein letzter Grund, warum ich mich zu Wort melde, ist zugegebenermaßen Ärger. Ärger darüber, dass Bischöfe (und leider auch der Papst) Dinge von sich geben dürfen, die sowohl theologisch als auch von den entsprechenden Wissenschaften her eindeutig falsch sind, ohne dass es die Möglichkeit des offiziellen Widerspruchs gibt. So manches in diesem Buch gehört in diese Kategorie (Pflichtzölibat, Umgang mit Homosexualität, um nur zwei zu nennen), anderes sollte als Denkanstoß verstanden werden.

Leserinnen und Lesern meiner früher erschienen Büchern wird der eine oder andere Inhalt bekannt vorkommen – ich habe ihn erneut aufgenommen, weil er in diesem Zusammenhang relevant ist und hoffe, dass die Gesamtlektüre für diese Personen nicht darunter leidet.

Manches werde ich nicht deshalb kritisch beurteilen, weil es in sich falsch oder ein Irrweg ist, sondern auf Grund der Wertigkeit, den es im Glaubensleben so mancher Christen oder auch im Dogmengebäude der Kirche einnimmt, den Blick auf das Wesentliche verstellt.

Was daran „gefährlich" ist, kann folgende Geschichte sehr gut zeigen:

Eine kleine Geschichte zur Verdeutlichung

Ein Philosophieprofessor stand vor seinen Studenten und hatte ein paar Dinge vor sich liegen. Als der Unterricht begann, nahm er ein großes leeres Gurkenglas und füllte es bis zum Rand mit großen Steinen. Anschließend fragte er seine Studenten, ob das Glas voll sei. Sie antworteten mit ja. Der Professor nahm eine Schachtel mit Kieselsteinen und schüttete sie in das Glas und schüttelte es leicht. Die Kieselsteine rollten natürlich in die Zwischenräume der größeren Steine. Dann fragte er seine Studenten erneut, ob das Glas jetzt voll sei. Sie antworteten wieder mit ja und lachten. Der Professor seinerseits nahm eine Schachtel mit Sand und schüttete ihn in das Glas. Natürlich füllte der Sand die letzten Zwischenräume im Glas aus. "Nun", sagte der Professor zu seinen Studenten, "ich möchte, dass sie erkennen, dass dieses Glas wie ihr Leben ist! Die Steine sind die wichtigen Dinge im Leben: ihre Familie, ihr Partner, ihre Gesundheit, ihre Kinder - Dinge, die - wenn alles andere wegfiele und nur sie übrig blieben - ihr Leben immer noch erfüllen würden. Die Kieselsteine sind andere, weniger wichtige Dinge, wie z.B. ihre Arbeit, ihre Wohnung, ihr Haus oder ihr Auto. Der Sand symbolisiert die ganz kleinen Dinge im Leben. Wenn Sie den Sand zuerst in das Glas füllen, bleibt kein Raum für die Kieselsteine oder die großen Steine. So ist es auch in ihrem Leben: Wenn Sie all ihre Energie für die kleinen Dinge in ihrem Leben aufwenden, haben Sie für die großen keine mehr. Achten Sie daher auf die wichtigen Dinge, nehmen Sie sich Zeit für ihre Kinder oder ihren Partner, achten Sie auf ihre Gesundheit. Es wird noch genug Zeit geben für Arbeit, Partys usw. Achten Sie zuerst auf die großen Steine - sie sind es, die wirklich zählen. Der Rest ist nur Sand."

(Quelle unbekannt)

Wie gesagt: So manches ist nicht zu kritisieren, weil es „unchristlich" wäre, sondern deshalb, weil es als „Stein" behandelt wird, obwohl es nur „Sand" ist – und damit die wirklich entscheidenden Dinge verdrängt.

Irrtümer und Sackgassen

*A*mtskirche und (Macht)Strukturen

Die Amtskirche in ihrer momentanen Verfasstheit ist sicher der grundlegende Irrtum und die Sackgasse, in die sich die Kirche hineinmanövriert hat.

Dabei ist sie strikt zu unterscheiden von der Kirche, der Gemeinschaft der Glaubenden und den Ämtern, die es darin durchaus geben kann und vielleicht auch muss. Aber dass diese Ämter hierarchisch geordnet sind, dass es Amtsinhaber gibt, die sagen können, was katholisch ist und was nicht, ist ganz sicher nicht im Sinne Jesu.

Da kann die Amtskirche noch so oft betonen, dass die Priester, die Bischöfe und der Papst die „Diener" des Glaubens und der Gläubigen sind; solange sie Exekutive, Legislative und Judikative gleichzeitig sind, so lange ist dies nicht die Kirche Jesu.

Zum Beispiel eine Kirche, die Mädchen nicht einmal als Ministrantinnen zulässt. Dies war bis vor wenigen Jahren noch generell der Fall und wenn ein Pfarrer das in „seiner Pfarrei" nicht will, ist das auch heute noch so. Von anderen Missständen an dieser Stelle ganz zu schweigen, dazu an anderer Stelle mehr.

Für den Umgang mit den Frauen gab es auch auf Seiten der Amtskirche ja noch nie theologische Gründe, nur peinliche Ausflüchte. Und auch für die vielen anderen Missstände in der Kirche, die ich noch beleuchten werde, gibt es keine theologischen Begründungen.

Womit wir bei einem der Hauptprobleme der Amtskirche angelangt sind, ihrer fast völligen Loslösung von der wissenschaftlichen Theologie. Egal, was Bibelwissenschaft, Exegese oder andere Wissenschaften uns nahebringen können, für die Amtskirche spielt dies keine Rolle.

Sie hat die Macht, festzulegen, was zu glauben ist, unabhängig davon, was Theologie oder auch nur einfacher Menschenverstand sagen.

Aber „braucht" es nicht jemanden, eine Person (Papst) oder eine Institution (Glaubenskongregation), die verhindert, dass der Glaube verwässert, Irrlehren sich ausbreiten? Der Blick auf andere Religionen oder auch nur auf unsere Geschwisterkonfession, die durchaus ohne Papst und Glaubenskongregation auskommen, beantwortet diese Frage wohl hinreichend.

Verloren gegangen ist damit aber die Toleranz anderen gegenüber, die Offenheit, letztlich das Vertrauen auf Gottes Führung.

Das macht dieser Tage (April 2021) auch ein Bischof Oster wieder sehr deutlich, wenn er der Forderung nach dem Ende der Diskriminierung der Frauen in der Katholischen Kirche nichts anderes entgegenzusetzen hat als die Drohung von Lehrverboten und den Entzug von Geldern für Medien, die solche Forderungen verbreiten. Wenn er diese Forderungen als „Respektlosigkeit gegenüber dem Lehramt" bezeichnet, zeigt er damit nur, wie wenig er von seinem Amt verstanden hat. Ich zumindest kenne keine einzige Bibelstelle, in der Jesus dazu auffordern würde, seine Lehre zu schützen. Alle Bibelstellen, die ich kenne, die davon handeln, dass Jesus Menschen in seine Nachfolge ruft, handeln davon, dass diese Menschen seinen Weg der Gottes- und Nächstenliebe beschreiten sollen. Hier sollten die Bischöfe uns vorangehen, Maßstab sein, nicht im Bewahren der „reinen Lehre", die sie dann auch noch selber und selbstherrlich, ohne auf theologische Erkenntnisse zu achten, festlegen.

Eucharistie

Eucharistie heißt Danksagung, und so sollte die Eucharistiefeier im Wesentlichen von dieser Dankbarkeit Gott gegenüber geprägt sein, diese zum Ausdruck bringen. Grund, zu danken, hätten wir genug: Dass Gott die Welt erschaffen hat und erhält und uns bedingungslos liebt. Und Jesus gegenüber, dass er uns in diese Welt die Liebesbotschaft Gottes in unüberbietbarer Weise gebracht hat.

Verfolgt man eine Eucharistiefeier aber aufmerksam, so stellt man fest, dass sie zu mindestens einem Drittel, eher zur Hälfte, von Sünde, Schuld und Opfer handelt.

Dass der Mensch ein unvollkommenes Wesen ist, das auch Schuld auf sich lädt, ist unbestritten. Aber wird er dadurch angespornt, ein besserer Mensch zu werden, wenn man ihm dies ständig vorsagt, vorhält? Ich glaube nicht. Und auch die „Auflösung" dieser Schuld durch den Opfertod Jesu, mit dem er unsere Schuld und Sünde getilgt hat, ist meines Erachtens theologisch schwierig bis zweifelhaft (siehe auch die noch folgenden Kapitel „Erlösung und Opfer(tod)" und „Würde") und führt psychologisch gesehen wohl eher zu noch mehr Schuldgefühlen als zu weniger. Wenn

Gottes Sohn für meine Sünden und Schuld sterben musste (wie es nicht nur am Karfreitag im Gottesdienst heißt), wie soll ich mit dieser Schuld umgehen?

Hier schließt sich fast zwangsläufig der Gedanke an, auch selber Opfer bringen zu müssen, um dieses große Opfer wenigstens ein klein wenig ausgleichen zu können.

Eine Bekannte, die wegen einer Krankheit ziemliche Schmerzen beim Knien hat, hat mir einmal gesagt: Wenn der Pfarrer das wüsste, was für ein Opfer ich jedes Mal bringe, wenn ich mich hinkniee!

Mein Einwand, dass weder der Pfarrer, noch Gott etwas davon haben, wenn sie sich Schmerzen zufügt, hat sie nicht sonderlich beeindruckt, glaube ich.

Sie ist kein dummer Mensch, nur sehr katholisch. Und sie hat sich das auch nicht ausgedacht, sondern es ist die Frucht einer jahrhundertelangen Theologie, die in den Mittelpunkt des Christentums das Opfer gestellt hat und stellt und nicht die Nächsten- und Selbstliebe.

Ihren Grund hat dies natürlich nicht zuletzt in der Erlösungs- und Opfertheologie.

Erlösung und Opfer(tod)

Dass Jesus uns erlöst hat, ist sicher einer der Kernpunkte, einer der ganz großen, wesentlichen „Steine" unseres Glaubensglases. Schwieriger wird es schon, wenn wir uns fragen, wovon und wodurch?

Von der Erbsünde? Ein Konzept, das Jahrhundertelang trug, aber auch schal geworden ist. Ganz primitiv ausgedrückt: Musste Jesus sterben, weil Adam und Eva einen „Apfel" (der in der Bibel gar nicht vorkommt) gegessen haben? Sicher nicht. Natürlich kann man das Ganze theologisch tiefgründiger betrachten, und es gibt die Verstrickung in Schuld, es gibt die schlechten Startbedingungen für absolut unschuldige Kinder, weil vor Generationen „etwas schief gelaufen ist". Aber musste Jesus dafür sterben, hat sich dadurch etwas geändert?

Wenn wir die Frage nach dem „wovon" einen Moment zurückstellen und uns dem „wodurch" zuwenden, wird es fast noch schwieriger und „theologisch konstruierter". An der Frage, was das für ein Gott ist, der den Tod seines Sohnes fordert (oder ihn duldet), um versöhnt zu werden (wieder ist zu fragen womit versöhnt), haben sich schon Heerscharen von Theologen die Zähne ausgebissen und ich kenne auch nur unbefriedigende Antworten auf diese Frage.

Vielleicht kommen wir einen Schritt weiter, wenn wir uns mit den innersten Konstitutionen des Menschen beschäftigen.

Der Mensch ist von Natur aus religiös. Religiös in dem Sinn, dass er nach Erklärungen der Welt und ihrer Erscheinungsformen sucht, nach Sinn, nach Sicherheit und Geborgenheit.

Diese natürliche Religiosität ist etwas, was dem Menschen sozusagen von seinem Wesen her innewohnt. Sie zeigt sich schon in den ersten Höhlenmalereien, in jahrtausendealten Opferkulten. Die natürliche Religiosität setzt auf Opfer, um Gott zu beschwichtigen, auf Bittgebete, um Gott gnädig zu stimmen, auf Rituale, um die Welt erklärbar und beherrschbar zu machen. Letztlich ist sie die Antwort auf ein Gottesbild, das von der Furcht vor Unerklärlichem und der Angst vor Gott bestimmt ist.

Die natürliche Religiosität glaubt, Gott (mit Ritualen) „in den Griff" bekommen zu können. Ich habe vor Kurzem einen Filmbeitrag gesehen, in dem ein Landwirt, der seine Kühe mit einem Floß über einen See auf die Weide transportieren muss, diese vor der Überfahrt mit Weihwasser segnet. „Und seit ich das mache, ist noch nie etwas schief gegangen", sagte er. Das ist ein schönes

Ritual, hat mit Christentum und unserem Gott aber rein gar nichts zu tun.

Ein Gott, der sich durch Opfer, Rituale und Gebete manipulieren lässt, ist nicht der Gott der Bibel, nicht der des Alten Testamentes und schon gar nicht der Gott Jesu. Und so kämpft die Bibel, vor allem die Propheten, von Anfang an gegen den Opferkult:

„An Schlacht- und Speiseopfern hattest du kein Gefallen, doch Ohren hast du mir gegraben, Brand- und Sündopfer hast du nicht gefordert." [1]

„Denn an Liebe habe ich Gefallen , nicht an Schlachtopfern, an Gotteserkenntnis mehr als an Brandopfern." [2]

„Was soll ich mit euren vielen Schlachtopfern?, spricht der HERR. Die Brandopfer von Widdern und das Fett von Mastkälbern habe ich satt und am Blut der Stiere, Lämmer und Böcke habe ich kein Gefallen. Wenn ihr kommt, um vor meinem Angesicht zu erscheinen - wer hat von euch verlangt, dass ihr meine Vorhöfe zertrampelt? Bringt mir nicht länger nutzlose Gaben, Räucheropfer, die mir ein Gräuel sind! Neumond und Sabbat, das Ausrufen von Festversammlungen, ich ertrage nicht Frevel und Feier. Eure Neumonde und Feste sind mir in der Seele verhasst, sie sind mir zur Last geworden, ich bin es müde, sie zu ertragen. Wenn ihr eure Hände ausbreitet, verhülle ich meine Augen vor euch. Wenn ihr auch noch so viel betet, ich höre es nicht. Eure Hände sind voller Blut. Wascht euch, reinigt euch! Schafft mir eure bösen Taten aus den Augen! Hört auf, Böses zu tun! Lernt, Gutes zu tun! Sucht das Recht! Schreitet ein gegen den Unterdrücker! Verschafft den Waisen Recht, streitet für die Witwen!" [3]

Und Jesus selbst reiht sich in diese Ablehnung des Opferkultes ein, indem er die Händler aus dem Tempel vertreibt.

Zurück also zur Ausgangsfrage: Wovon hat Jesus uns befreit, und wodurch? Die Antworten könnten einfacher und kürzer nicht sein:

Für mich hat Jesus in unüberbietbarer Weise die Botschaft vom bedingungslos über den Tod hinaus liebenden Gott gebracht – und uns so befreit von der Angst, (Gott) nicht genügen zu können, „in die Hölle zu kommen", wie es so schön heißt. Und wodurch? Durch sein Leben und Wirken, durch seine Liebe allen Menschen gegenüber, gerade auch den Sündern.

Einen Opfer- oder gar Sühnetod braucht es dafür nicht.

Um es in Anlehnung an den großen Theologen Eugen Biser zu sagen:

Das Gegenteil von Glaube ist nicht Unglaube, sondern Angst; der größte Feind des Christentums ist nicht der Atheismus, sondern die natürliche Religiosität. (Quelle unbekannt)

Sexualität

Eine der ganz großen Sackgassen der Kirche.

Dass Vierzehnjährige noch nicht unbedingt Sex haben sollten, sehen wohl alle Eltern auch ohne die „Hilfe" der Kirche so; aber beim heutigen eher hohen Heiratsalter von weit über 20 Jahren ist es wohl sehr weltfremd, die Sexualität nur in der Ehe gutzuheißen. Homosexualität als Krankheit oder Sünde, Sex vor der Ehe, Verhütung verboten – um nur einige Schlagworte aus diesem „Problemfeld" zu nennen.

Noch dazu ist dies ein Bereich, der noch nie kontrollierbar war, weil er sich „im stillen Kämmerlein" abspielt? Natürlich konnte man (und hat man) durch die Angst vor Höllenstrafen versuchen, diesen Bereich zu kontrollieren. Aber schon allein die unzähligen unehelichen Kinder oder „Frühgeburten" der vergangenen Jahrhunderte zeigen ja deutlich, dass dies noch nie gelungen ist.

Warum also diese Fixierung auf die Sexualität? Jeder Mensch weiß doch, dass ein Leben in einer glücklichen, harmonischen Beziehung, die nach Möglichkeit lebenslang hält, erstrebenswert ist. Wohl kein Paar würde vor dem Standesbeamten oder Priester, wenn es diese Möglichkeit gäbe, zu der Formel greifen „Ich werde bei Dir bleiben, solange Du mir gefällst und dich verlassen, sobald mir jemand anderes besser gefällt".

Warum muss ich also etwas vorschreiben und im Falle des Scheiterns mit Strafe (Ausschluss von den Sakramenten) belegen, was sowieso jede und jeder möchte? Und leidet und Hilfe braucht, wenn es eben nicht klappt?

Die Einmischung in und Überbewertung der Sexualität als das einzig Seligmachende ist für mich ein weiterer massiver Irrweg und eine Sackgasse der katholischen Kirche.

Dass hier Hilfen, Unterstützung, Angebote gemacht werden – ja. Aber Sanktionen, Vorschriften – nein.

Ein Forumsmitglied des „Synodalen Weges" hat mir vor kurzem auf die Frage, was man sich realistisch an Ergebnissen günstigenfalls erwarten darf, geantwortet, dass in den theologischen Bereichen Fortschritte zu erwarten sind, weil hier auch heute auf Diözesanebene schon manches möglich wäre, wenn die Bischöfe sich mehr trauen würden. Wo definitiv nichts zu erwarten ist, wäre in all jenen Bereichen, die mit Sexualität zu tun hätten, weil hier im Kirchenrecht vieles festgelegt ist.

Eine Aussage, die mich dann doch zumindest sehr nachdenklich gemacht hat. In theologischen Punkten sind Veränderungen denkbar, im Bereich der Sexualität nicht?

In diesen Bereich fällt natürlich auch der Umgang mit Homosexualität, der brutaler und unchristlicher fast nicht sein könnte. Auch dieser ist biblisch nur durch Missdeutungen zu begründen, menschlich eine Tragödie. In der Medizin hatten wir bis vor einigen Jahren eine ähnliche Einstellung wie in der Kirche: Wenn der Arzt sagte, man könne keine Schmerzen haben, war das so und die Schmerzen konnten nur eingebildet sein. Die Medizin hat dazugelernt: Inzwischen legt der Patient die Höhe seiner Schmerzen fest und der Arzt richtet sich danach. Genau so sollte auch die Kirche darauf vertrauen, dass Menschen schon wissen, welches Geschlecht sie haben!

Auch der Zölibat und die Frage nach der Stellung der Frau spiegeln die lebensfremde Sicht der Sexualität wieder – siehe die folgenden Kapitel.

Hier wird auch das grundlegende Missverständnis der Kirche bezüglich ihres Auftrags sehr deutlich: Jesus war ein Menschenfischer, und hat dabei oft „im Trüben gefischt": Bei den Sündern, den Außenseitern, den Verachteten. Die Kirche hingegen ist ständig am Ausgrenzen und Aussortieren; man hat oft den Eindruck, sie möchte nur die ganz Makellosen, Reinen bei sich haben. Damit entfremdet sie sich immer weiter von den Menschen, immer weiter von der Welt, die gut geschaffen und gut ist, nicht „Böse":

Zölibat

Der Zölibat ist sicher eine bewundernswerte Lebensform. Sich ganz in den Dienst einer Sache zu stellen, immer verfügbar zu sein und dafür zu sorgen, dass kein anderer darunter leidet, ist gut. Zum Irrweg wird er dadurch, wenn er in der Form des Pflichtzölibats für einen Beruf, eine Berufung vorgeschrieben wird.

Und natürlich schwingt auch die Ablehnung der Sexualität als etwas, was „unrein" macht, mit – siehe oben.

Abgesehen davon, dass der Zölibat (wie auch der Ausschluss der Frauen vom Priesteramt) letztlich nur mit der Person Jesu begründet wird, der (angeblich) ein unverheirateter Mann war, ist es auch zweifelhaft, ob es gut sein kann, jemandem, der eine Berufung empfindet, die in sich schon schwer genug ist, noch die zusätzliche Belastung aufzuerlegen, diese Berufung alleine zu leben.

„Angeblich", weil es durchaus gute Gründe für die Vermutung gibt, dass Jesus verheiratet war, aber zum Zeitpunkt seines öffentlichen Auftretens bereits Witwer. Denn als Rabbi nicht verheiratet zu sein, war eher ungewöhnlich und hätte sicher zu

Nachfragen geführt, die in der Bibel ihren Niederschlag gefunden hätten.

Dass viele Priester an dieser Lebensform scheitern ist tragisch. Entweder verlassen sie dann ihre Berufung, was ein schmerzhafter Prozess für sie selbst und ein großer Verlust für die Kirche ist, oder sie entscheiden sich für ein heimliches Doppelleben, das weder ihnen, noch ihrer Partnerin (oder ihrem Partner), noch der Gemeinde oder der ganzen Kirche gut tut.

Und auch hier muss wieder gesagt werden, dass der Blick über den eigenen Tellerrand hinaus ja deutlich zeigt, dass es innerhalb des Christentums problemlos anders geht – sowohl bei den evangelischen Mitchristen als auch den orthodoxen Kirchen.

Frauenpriestertum

Das Frauenpriestertum ist wohl eines der ganz großen Probleme unserer Zeit sowohl für die Amtskirche als auch für die, die es fordern. Festzuhalten ist wieder einmal, dass es keinen theologisch einsichtigen Grund gibt, warum Frauen nicht Priesterinnen sein könnten. Schon allein der Blick zu unseren evangelischen Mitchristen zeigt dies, denen ja wohl niemand das Christ-sein absprechen will. Sie gehören einer anderen Konfession an, nicht einer anderen Religion.

Aber sie haben es gewagt, auch in der Kirche patriarchale und diskriminierende Strukturen abzulegen. Damit tut sich die katholische Kirche schwer. Die gesellschaftliche Veränderung der Stellung der Frau, Gleichwertigkeit und ein geschlechterübergreifendes Miteinander in einer demokratischen Welt ist eine wertvolle und wichtige Weiterentwicklung der Menschheit. Diese Weiterentwicklung darf nicht an der Kirchentüre Halt machen. Ein Verharren in alten Denkmustern ist nicht verstehbar und zu verurteilen.

Da kann – wie in diesen Tagen, in denen ich dieses Buch schreibe – im Rahmen des „Synodalen Weges" ein Bischof Voderholzer noch so oft twittern, dass „die Christuspräsentation eine natürliche Ähnlichkeit auf der Ebene der Zeichenhaftigkeit voraussetze". Er mag dies behaupten (dass er fest davon überzeugt ist, glaube ich sowieso), aber behaupten kann man auch, dass die Sonne eine Scheibe ist, weil man sie halt nur als Scheibe sieht. Zur Wahrheit wird keines von beiden dadurch.

Und auch die Äußerung eines anderen Bischofs „dass es doch eigentlich kaum Frauen gäbe, die zum Priestertum berufen sind", ist halt eine Behauptung. Aber behaupten kann man wie gesagt alles. Es zu beweisen ist schon wesentlich schwieriger und in diesem Fall schlicht unmöglich. Und so ist und bleibt es eine grundlegende Sünde der Kirche, Frauen rein auf Grund ihres Geschlechts zu diskriminieren und ihnen die Zulassung zum Weiheamt zu verweigern. Ob dies mit dem Grundgesetz Deutschlands, dass niemand auf Grund seines Geschlechts benachteiligt werden darf, überhaupt vereinbar ist, ist sowieso die Frage, Freiheit der Religionsausübung hin oder her.

Schwerwiegender ist die Diskriminierung und die Verachtung, die man damit der Hälfte der Menschheit entgegen bringt. Und all dies wieder, obwohl wir aus der Bibel und der frühen Kirchengeschichte durchaus Gegenbeispiele kennen. Aber es darf halt nicht sein, was nicht sein darf.

Gesteigert wird dieses Übel noch von dem wohl dahinterliegenden Verhältnis zur Sexualität, die nicht als lebensspendend, befreiend, grundweg positiv gesehen wird, sondern laut katholischer Lehre grundsätzlich mit Vorsicht zu „genießen" ist, im Grunde vor allem gefährlich ist, zur Sünde führt.

$\mathcal{G}$otteskindschaft durch die Taufe?

Eine Aussage, der ich schon unzählige Male begegnet bin, und zwar nicht nur bei Tauffeiern, ist die, dass wir durch die Taufe Gottes Kinder geworden sind (oft auch noch immer Gottes Söhne!).

Auch dies in meinen Augen eine furchtbare Anmaßung, ein Irrweg. Theologisch vielleicht anders gemeint, aber dann muss man es auch anders formulieren. Oder glaubt ernsthaft jemand, dass ein Hinduist, ein Buddhist, ein Moslem oder ein Atheist kein Kind Gottes ist? Kind Gottes werden wir einzig und allein durch die Geburt. Durch die Taufe werden wir Christen und damit in besonderer Weise in die Nachfolge Jesu, in den Auftrag der Nächstenliebe berufen – aber sicher nicht mehr ein Kind Gottes als eine oder einer der oben genannten.

Dass jede und jeder von uns ein Kind Gottes ist, drückt schon der Psalm 8 wunderbar aus, lange vor Jesus: „Du hast ihn (den Menschen) nur wenig geringer gemacht als Gott, du hast ihn gekrönt mit Pracht und Herrlichkeit." [4]

*B*ittgebet

Ich glaube, die häufigste Gebetsform, die zumindest wir Katholiken pflegen, ist das Bittgebet, oft in Verbindung mit einem „Handelsangebot". Bitte lass mich eine gute Note bekommen, dann gehe ich am Sonntag auch in die Kirche. Oder: Wenn ich wieder gesund werde, mache ich eine Wallfahrt nach Altötting.

Mit dieser Haltung des Verhandelns sind wir biblisch in guter Gesellschaft:

Da ist Abraham, der die Vernichtung von Sodom und Gomorra zu verhindern versucht, indem er Gott von 50 Gerechten auf 10 herunterhandelt.

Im 11. Kapitel des Lukasevangeliums werden wir sogar aufgefordert, Gott zu bitten, und viele andere Beispiele gäbe es noch dafür.

„Bittet, so wird euch gegeben werden." Das hört sich so einfach an. Aber wenn ich jetzt durch die Stationen meines Krankenhauses gehen würde, fände ich sicher auf Anhieb Dutzende von Patienten, die mir das Gegenteil erzählten: Dass sie eine Wallfahrt versprochen oder gemacht haben mit der Bitte um Heilung - und dass sie ihnen versagt geblieben ist. Dass sie beten, bitten und wieder beten und bitten und nichts passiert.

Und was ich am häufigsten höre: Dass gerade die guten Menschen, die Gerechten am meisten leiden müssen, während es den bösen gut geht – was so natürlich nicht stimmt.

Warum es so viel Leid geben muss, warum das Leben manchmal so ungerecht ist, weiß ich natürlich auch nicht.

Aber ich weiß, dass wir in der Bibel - wie eigentlich im ganzen Leben - schon genau hinsehen und hinhören müssen.

Und wenn wir das tun, können wir zumindest unrealistische Erwartungen und Enttäuschungen vermeiden, glaube ich.

Beim Handel Abrahams heißt das für mich, dass ich mir klar mache, dass Abraham hier immerhin um die Existenz einer ganzen Stadt kämpft - und trotzdem bei 10 Gerechten aufhört, den Handel nicht auf die Spitze treibt. Wie oft bitten wir sehr oberflächlich - ein Vaterunser für eine gute Note, eine flüchtige Fürbitte im Tausch gegen Weltfrieden, Gerechtigkeit und Ende des Hungers - und zweifeln dann an Gott, wenn unser Bitten nichts bewirkt.

Und dabei sagt uns Jesus ja eigentlich sehr genau, was wir uns von Gott erwarten dürfen: „Bittet - und der Vater im Himmel wird euch den Heiligen Geist geben", heißt es da.

Ich entdeckte diese Kraft manchmal bei Patienten, die mir sagten: „Ich gebe die Hoffnung nicht auf" - „Ich werde mit Gottes Hilfe kämpfen und alles tun, damit ich wieder gesund werde", aber auch in dem Satz „Ich habe mich mit meinem Schicksal abgefunden".

Bittet, und der Vater im Himmel wird euch den Heiligen Geist geben. Dieser Geist Gottes könnte uns die Kraft geben, mutig für das einzutreten, was in unserer Verantwortung und auch Macht liegt: Frieden, Gerechtigkeit, Ende des Hungers in der Welt. Und er könnte uns vielleicht die Kraft geben, das anzunehmen, was nicht in unserer Macht liegt.

Das Gebet, die Bitte wird wohl selten eine Krankheit beseitigen - aber es kann Kraft schenken, mit einer Krankheit zu leben, vielleicht sogar die Kraft, in Frieden zu sterben.

Bittet - und der Vater im Himmel wird euch den Heiligen Geist geben.

Und trotzdem bleibt die Spannung zwischen der Hoffnung, die in dieser Zusage liegt und der Verzweiflung, dem Leid. Diese Spannung bleibt - auch bei aller Glaubenszuversicht.

Marienverehrung

Was wissen wir von Maria? Ehrlicherweise gesagt so gut wie nichts. Sie war ein junges Mädchen (von einer Jungfrau steht nichts in der Bibel, dies ist lediglich eine Übersetzung, an der die Kirche aus dogmatischen Gründen festhält), deren Kind sich als etwas ganz Besonderes erwiesen hat. Dieses Besondere hat ihr zeitlebens Probleme bereitet, verstanden hat sie es eigentlich nie so ganz. (Vgl. Lk 2,50)

Alles andere ist fromme Dichtung, aufbauend auf den Kindheits-Erzählungen des Matthäus und Lukas, die als letzte Teile der Evangelien entstanden sind, lange nach dem Tod Jesu und wohl auch der meisten Augenzeugen seines Wirkens.

Erst dann taucht die Frage, wie das mit seiner Geburt und Kindheit war, überhaupt erst auf. Und da ein wunderbarer Mensch natürlich auch eine wunderbare Geburt braucht, sich seine Mission bereits am Anfang erweisen muss, entstehen folgerichtig wunderbare Kindheitsgeschichten. In den apokryphen Evangelien (Evangelien, die von der frühen Kirche als nicht relevant abgelehnt wurden, nicht in den Kanon des Neue Testaments aufgenommen wurden) übrigens noch weitaus schillernder als in den vier allgemein bekannten. So haucht dort Jesus als Kind bereits einem toten Spatz neues Leben ein.

Doch zurück zu Maria. Warum ihre immense Bedeutung im katholischen Glauben?

Letztlich wohl deshalb, weil das Gottesbild ein eher furchtbares, Furcht erzeugendes ist. Diesem Gott darf man sich nicht nahen, schon gar nicht als sündiger Mensch, und so braucht es viele Mittler und Vermittler zwischen ihm und dem sündigen Menschen.

Zuerst natürlich einmal Jesus, aber da dieser ja auch selbst Gottes Sohn und damit Gott ist, braucht es noch eine weitere Zwischenstufe, und diese Rolle kann Maria – noch dazu als Frau – bestens ausfüllen.

Und so heißt es im Bundesgebet des Katholischen Deutschen Frauenbundes, nachdem es sehr „modern" beginnt mit „Gott, der du uns Vater und Mutter bist" folgerichtig „Unsere Schwester und Fürsprecherin sei Maria, die Mutter deines Sohnes. Unter ihren Schutz stellen wir alle Mädchen und Frauen …".

Warum braucht es diese besondere Fürsprache und diesen besonderen Schutz durch Maria? Weil Gott ein Mann ist? Oder weil alle seine Vertreter auf Erden Männer sind? Denen man nicht trauen kann und an die man sich als Frau nicht so gerne wendet?

In weit drastischerer Weise wird diese Problematik im Fatima-Gebet deutlich, z.B. das beherrschende Gottesbild, das von Sünde und Schuld und vom Höllenfeuer geprägt ist:

„O mein Jesus, verzeih uns unsere Sünden! Bewahre uns vor dem Feuer der Hölle! Führe alle Seelen in den Himmel, besonders jene, die deiner Barmherzigkeit am meisten bedürfen."

Aber auch in anderen Gebeten finden wir eine Zentrierung auf Maria, die meines Erachtens keinen Platz mehr für Gott lässt:

„Jungfrau, Mutter Gottes mein, – lass mich ganz dein eigen sein,
– dein im Leben, dein im Tod, – dein in Unglück, Angst und Not,
– dein in Kreuz und bittrem Leid, – dein für Zeit und Ewigkeit! –
Jungfrau, Mutter Gottes mein, – lass mich ganz dein eigen sein!
Mutter, auf dich hoff' und baue ich. – Mutter, zu dir ruf' und seufze ich. – Mutter, du Gütigste, steh mit bei! – Mutter, du Mächtigste, Schutz mir leih!
O Mutter, so komm, hilf beten mir! – O Mutter, so komm, hilf streiten mir! –
O Mutter so komm, hilf leiden mir! – O Mutter, so komm und bleib bei mir!
Du kannst mit ja helfen, o Mächtigste! – Du willst mir ja helfen, o Gütigste! – Du musst mir nun helfen, o Treueste! – Du wirst mir auch helfen, Barmherzigste!

O Mutter der Gnaden, der Christen Hort! – Du Zuflucht der Sünder, des Heiligen Port! Du Hoffnung der Erde, des Himmels Zier! – Du Trost der Betrübten, ihr Schutzpanier!

Wer hat je umsonst deine Hilf' angefleht? – Wann hast du vergessen ein kindlich' Gebet? Drum ruf' ich beharrlich im Kreuz und im Leid: – Maria hilft immer, sie hilft allezeit.

Ich ruf' voll Vertrauen in Leiden und Tod: – Maria hilft immer, in jeglicher Not. – So glaub' ich und lebe und sterbe darauf: – Maria hilft mir in den Himmel hinauf.

Jungfrau, Mutter Gottes mein, lass mich ganz dein eigen sein, – dein im Leben, dein im Tod, – dein in Unglück, Angst und Not, – dein in Kreuz und bittrem Leid, – dein für Zeit und Ewigkeit! – Jungfrau, Mutter Gottes mein, – lass mich ganz dein eigen sein!"

Wie gesagt, für Gott bleibt da nur wenig Platz, ist eigentlich auch gar kein Bedarf, da ja Maria alles „erledigt". Unverständlich ist mir auch, wie man, ohne sein Denken völlig zu verbiegen, behaupten kann, dass noch nie ein Hilferuf an Maria unerfüllt blieb, dass Maria immer hilft. Heerscharen von gut katholischen Soldaten, die auch Marienanhänger waren, können anderes berichten.

Ein weiteres Gebet aus der „Fatima-Liturgie", das ich zu den Irrwegen zählen möchte:

Heiligste Dreifaltigkeit, Vater, Sohn und Heiliger Geist, in tiefster Ehrfurcht bete ich Dich an und opfere Dir auf den kostbaren Leib und das Blut, die Seele und die Gottheit Jesu Christi, gegenwärtig in allen Tabernakeln der Erde zur Wiedergutmachung für alle Schmähungen, Sakrilegien und Gleichgültigkeiten, durch die Er selbst beleidigt wird. Durch die unendlichen Verdienste Seines heiligsten Herzens und des Unbefleckten Herzens Mariens bitte ich Dich um die Bekehrung der armen Sünder.

Wie kann ich Jesus seine eigene Gottheit opfern? Und auch hier ist das „Unbefleckte Herz Mariens" zumindest wieder mit-zuständig für die Bekehrung der armen Sünder.

Im Grunde haben wir schon lange keine Dreifaltigkeit mehr, sondern „einen Gott in vier Personen" (was sowieso ein theologisches, eigentlich nicht verstehbares Konstrukt ist). Und manchmal drängt sich der Verdacht auf, dass Maria dabei die Wichtigste ist.

Der christliche Glaube ist so einfach, so rein (siehe mein Buch „Glaube leicht gemacht"), und ihn mit so unnötigen und in die Irre führenden Inhalten aufzuladen, schmerzt mich.

Heiligenverehrung

Was sind Heilige, wer ist ein Heiliger? Jemand, der uns ein Vorbild sein kann im Glauben, vor allem auch in seiner Lebenspraxis des Glaubens.

Eine Mutter Theresa fällt mir da sofort ein, natürlich auch ein Hl. Nikolaus und viele andere, die in ihrem Leben Gutes getan haben.

Aber müssen, sollen wir sie deshalb „verehren"? Ich habe oft den Eindruck, dass diese Verehrung uns davor bewahren soll, Ernst zu machen mit der Nachfolge. Damit, es ihnen gleich zu tun, einfach ernst zu machen mit der Nachfolge Jesu. Denn nichts anderes haben die Heiligen getan. Sie haben sich Jesu Worte und Taten zu Herzen genommen und in ihrem Leben umgesetzt. Ob wir also Jesus nachfolgen oder den Heiligen, bleibt sich letztlich egal. Sie zu beweihräuchern, sie zu verehren, als hätten sie etwas Eigenes geschaffen, geht eher an der Nachfolge vorbei.

Hinzu kommt, dass wir von vielen Heiligen natürlich so gut wie nichts wissen – siehe Maria – was ihre Verehrung umso problematischer macht.

Ein gutes Beispiel dafür ist auch der Hl. Josef, von dem wir noch weniger wissen als von Maria.

Und statt dass gerade gute Katholiken sich ein Beispiel an dem Wenigen nehmen (keine Verurteilung der offensichtlichen Untreue seiner Maria, Einstehen für die in Not geratene, …), erheben wir auch ihn auf ein Podest, von dem ihm wohl sehr unklar wäre, wie er da hinauf gekommen ist.

Und so heißt es in einem Gebet, das Papst Franziskus angeblich täglich spricht: „Niemand soll sagen können, er habe dich vergeblich angerufen. Und da du bei Jesus und Maria alles erwirken kannst, lass mich erfahren, dass deine Güte ebenso groß ist wie deine Macht." (Quelle unbekannt) Hier wird also nicht nur Maria „zwischengeschaltet", wenn man ein Anliegen an Gott hat, sondern auch noch Josef. Ihn muss man anrufen, damit er das Anliegen Maria übermittelt, die es dann an Gott weitergibt!

Verständlich, dass da einiges auf der Strecke bleibt.

Doch zurück zur Heiligenverehrung allgemein. Sie hat ihre Wurzel ja in dem Begriff „Heilig", und so ist es sinnvoll, sich zu fragen, was das überhaupt ist – „Heilig".

$\mathcal{H}$eilig

Ein Wort, ein Begriff, der etwas Unerhörtes ausdrückt und im Katholizismus einem inflationären Gebrauch unterworfen ist, der auch nur als Irrweg zu betrachten ist.

Was haben wir nicht alles „Heiliges": Immer wieder einmal ein Heiliges Jahr (ursprünglich das Jubeljahr – dann wäre es auch sinnvoll – siehe Lev 25,10ff), die Heilige Woche vor Ostern, das Hochheilige Oster- und Pfingstfest, das Allerheiligste in der Monstranz, Heilige Öle, die Heilige Kommunion und nicht zu vergessen den Heiligen Vater.

Im Vergleich dazu geht die Bibel eher sparsam mit diesem Begriff um. Nur 25 Mal begegnen wir ihm im Neuen Testament, in der gesamten Bibel 124 Mal. Im Vergleich dazu begegnen wir der Liebe zum Beispiel 235 Mal! Eine Kernstelle ist meines Erachtens die Begegnung des Mose mit Gott am brennenden Dornbusch. Dort heißt es in Ex 3,5: „Er sagte: Komm nicht näher heran! Leg deine Schuhe ab; denn der Ort, wo du stehst, ist heiliger Boden."[5] **Es geht also um die unmittelbare Gottesbegegnung.** Ob man diese nun die ganze Woche vor Ostern erlebt, bei jedem

Kommunionempfang und dann, wenn man den Papst im Fernsehen sieht, ist wohl zumindest überlegenswert.

Ich selbst kann mich nur an ein Erlebnis in meinem bisherigen Leben erinnern, in dem ich „Heiligkeit" gespürt habe.

Und diese Erfahrung geschah nicht im kirchlichen Raum, sondern vor vielen Jahren im Rahmen meiner Familientherapie-Ausbildung.

„Inhalt" der Sitzung war ein junges Paar mit ihrem Kind, bzw. ein Nicht-Paar, das unbeabsichtigt ein Kind gezeugt hatte und der Vater nicht bereit war, seine Vaterrolle anzunehmen. Nach diversen therapeutischen Interventionen, als alles gesagt war, was an Argumenten gesagt werden konnte, kehrte Stille ein. Und in dieser Stille, die dann ungefähr 20 Minuten dauerte, nahm dieser Säugling Kontakt zu seinem Vater auf, mit Blicken und Glucksern, und dieser konnte es zulassen.

Ich weiß nicht, ob außer mir noch jemand die Gegenwart Gottes in diesen 20 Minuten in diesem Raum gespürt hat, und es ist auch unwichtig. Für mich war Gott gegenwärtig, war hier heiliger Boden.

Solche Erfahrungen sind sicher nicht machbar. Aber vielleicht wäre es einfacher, sie wahrzunehmen, wenn man nicht jede sakrale Handlung und vieles andere als heilig titulieren würde.

ürde

„Die Würde des Menschen ist unantastbar". Dieser geniale Satz, wohl einer der bedeutendsten Sätze der Menschheitsgeschichte überhaupt, steht in unserem Grundgesetz. Das ist toll. Dass er nicht im Kirchenrecht steht, nicht im kirchlichen Bewusstsein verankert ist, ist blamabel bis schrecklich.

Denn diese Würde ist nichts Abstraktes, sondern wird im Grundgesetz ganz konkret ausbuchstabiert:

Niemand darf wegen seines Geschlechtes, seiner Abstammung, seiner Rasse, seiner Sprache, seiner Heimat und Herkunft, seines Glaubens, seiner religiösen oder politischen Anschauungen benachteiligt oder bevorzugt werden.

Auf die Benachteiligungen in der Kirche auf Grund seines Geschlechts, das die Frauen von allen Weiheämtern ausschließt, bin ich schon eingegangen.

Für mich geht die „Würde-Problematik" aber noch tiefer. Während wie gesagt die Präambel des Grundgesetzes die Würde des Menschen an die erste Stelle setzt, werden Katholiken dazu angehalten, in jeder Eucharistiefeier zu bekennen „Herr, ich bin nicht würdig". Da hat uns Gott als sein Ebenbild geschaffen, uns nicht viel geringer als sich selbst gemacht – ich darf noch einmal Ps 8 zitieren: „Du hast ihn (den Menschen) nur wenig geringer gemacht als Gott, du hast ihn gekrönt mit Pracht und Herrlichkeit."[6], da ist Jesus nach kirchlicher Lehre am Kreuz gestorben, um alle Schuld von uns zu nehmen, und trotzdem sind wir noch immer nicht würdig?

Vielleicht dient dieser Satz mehr dazu, uns innerhalb der Kirche klein zu halten, weniger dafür, uns gegenüber der Größe Gottes zu positionieren.

Ich habe deshalb für mich persönlich diesen Satz in der Eucharistiefeier schon lange ausgetauscht gegen den Satz „Jesus, ich danke Dir, dass Du in unsere Welt gekommen bist und uns gezeigt hast, wie wir gut leben können".

„Gut" meint hier natürlich nicht, dass ich genug Geld für Champagner und Kaviar habe, sondern gut im Sinne von zufrieden, sinnerfüllt, gottgefällig.

Natürlich kann ich dies nur still für mich beten, aber es scheint mir dem Wesen der Eucharistiefeier und der Würde des Menschen angemessener.

Ablass

Mit dem Ablass verbinden die meisten wohl den Ablasshandel, gegen den Luther wetterte und der – neben vielem Anderen – zur Spaltung der Kirche führte. Und da es keinen Ablasshandel mehr gibt, denken viele wohl auch, der Ablass selbst gehört der Vergangenheit an. Dies ist aber mitnichten so. Papst Paul VI. hat 1967 die Ablasslehre neu festgelegt und Papst Franziskus hat den Ablass 2015 für das Außerordentliche Heilige Jahr der Barmherzigkeit bestätigt.

Der Ablass ist demnach ein Nachlass zeitlicher Bußstrafen für die Sünden, die man gebeichtet hat und die hinsichtlich der Schuld schon vergeben sind. Unterschieden wird dabei zwischen einem teilweisen und einem vollkommenen Ablass, den man nur zu bestimmten Anlässen – etwa zu einem Heiligen Jahr – erwerben kann, indem man nach Beichte, Eucharistie und Gebeten bestimmte Werke der Buße tut.

Interessant ist daran, was die Amtskirche mal wieder alles „weiß". Sie weiß, dass Sünden „zeitliche Bußstrafen" nach sich ziehen, sie weiß, wie und in welchem Umfang sie zu tilgen sind, sie weiß natürlich auch, was man tun muss, um welche zeitlichen Bußstrafen zu tilgen.

Fast sieht es so aus, als hätte die Kirche die Macht, Gott vorzuschreiben, wie und was er wie zu vergeben hat....

*B*armherzigkeit

Einer der ganz unscheinbaren, für mich aber sehr zentralen Sätze der Bibel lautet: „Barmherzigkeit will ich, nicht Opfer." [7] Ich habe oft den Eindruck, dass diese Aussage in unserer Kirche, unserem Christ-sein noch nicht angekommen ist. Wir opfern noch immer so vieles, um uns Gott gefällig zu machen: Wir opfern Geld, wir spenden, wir opfern unsere Zeit für andere, wir fasten und schränken uns ein, um Gott zu gefallen, wir beten und bitten. Das alles ist ja auch gut. Aber wenn es ein Opfer für uns ist, Gutes zu tun, wenn wir es vielleicht nur deshalb tun, um nicht in die Hölle zu kommen, dann ist es nicht das, was Gott eigentlich von uns will: Er will Barmherzigkeit. Barmherzigkeit dem Ehepartner gegenüber, der mich bei aller Liebe oft aufregt und verletzt mit seinen Eigenheiten. Barmherzigkeit dem Arbeitskollegen gegenüber, der so umständlich ist. Barmherzigkeit dem Bekannten gegenüber, der so nervt. Barmherzigkeit den Angehörigen gegenüber, die so anstrengend sind.

Barmherzigkeit allen Menschen gegenüber aus der Liebe heraus, die mir von Gott her geschenkt ist, die mich in allem Leid noch tragen kann und mir mein Leben über Leid und Tod hinaus zusagt. Der wesentliche Unterschied zum Opfern ist vielleicht der: Ich kann mich zum Gut-sein zwingen, weil es von mir gefordert ist, vielleicht aus Angst, sonst in die Hölle zu kommen. Oder ich kann mich auf die Liebe Gottes einlassen, dann wird meine Barmherzigkeit eine Folge dieser Liebe sein, die sich verschenken will. Eingehüllt in diese Liebe kann ich einsehen und eingestehen, dass ich nicht der Nabel der Welt bin, dass meine Art, das Leben zu leben, nicht die einzig denkbare und richtige ist. Eingehüllt in diese grenzenlose Liebe kann ich – frohen Herzens – barmherzig sein.

Segnen

Segnen heißt zuallererst einmal „sagen, dass es gut ist". Die Kirche segnet ein Löschfahrzeug, weil es gut ist, dass es dieses gibt, um Menschen in Not zu helfen. Das Löschfahrzeug wird dadurch nicht wertvoller, es kommt nichts „von oben" dazu, sondern es wird rituell bestätigt und gezeigt, dass wir Gott dankbar sind, dass es uns gelungen ist, dieses Löschfahrzeug zu bauen.

Es wird dadurch auch nicht schneller am Einsatzort sein, nicht mehr Menschen retten können als eines, das nicht gesegnet wurde.

Schwieriger wird es schon, wenn Waffen oder Soldaten, die in den Krieg ziehen, gesegnet werden. Kann dies dem Willen Gottes, der alle Menschen liebt, der Vater aller Menschen ist, entsprechen? Ich habe da meine Zweifel.

In diesem „Sagen, dass es gut ist", liegt wohl auch einer der Gründe, warum die Kirche sich so schwer tut, z.B. gleichgeschlechtliche Lebenspartnerschaften zu segnen. Sie findet es eben nicht gut, dass es „so etwas" gibt. Dass sie damit einfach nur zeigt, dass sie weder eine der Kernaussagen der Bibel (alles, was Gott geschaffen hat, ist gut, Gott liebt jeden Menschen) verstanden hat, noch bereit und fähig ist, die Erkenntnisse der letzten Jahre und Jahrzehnte in ihr Lehrsystem einzubauen, sowohl psychologische, anthropologische als auch theologisch-exegetische Forschungsergebnisse. Das ist wieder einmal blamabel, traurig und für die Betroffenen tragisch.

Im Judentum ist klar, dass der Segen Gott gilt. Der Segen wird zum Beispiel beim Tischgebet über das Brot hin zu Gott gesprochen (ihm wird gedankt für das Brot). Die katholische Kirche täte gut daran, zu dieser jüdischen Grundrichtung zurück zu kehren. Vielleicht fiele es ihr dann leichter, so manche Segenspraxis zu überdenken.

$\mathcal{M}$issbrauch

Vielleicht wundert es Sie, dass ich mein Buch nicht mit diesem Thema begonnen habe. Dass es so etwas wie sexuellen, körperlichen und geistigen Missbrauch in der Kirche gab und gibt, ist furchtbar und mit nichts kleinzureden. Dass ich dieses Thema trotzdem eher an den Schluss meines Buches stelle, hat damit zu tun, dass es (leider) nichts spezifisch Katholisches ist.

Missbrauch gibt es (wieder leider) überall – im Sportverein genauso wie im Chor, und was am Schlimmsten ist, am Häufigsten im Verwandten- und Familienkreis.

Und wo immer er vorkommt, wird natürlich auch alles versucht, ihn zu vertuschen, zu leugnen.

Wie gesagt, dies ist keine Entschuldigung dafür, dass er auch in der Kirche vorkommt. Und natürlich sollte gerade die Kirche als hohe moralische Institution alles tun, um ihn zu verhindern. Dass dies leider auch heute oft noch nicht mit genügend Nachdruck passiert, ist Ausdruck des Machtgefüges, das ich schon angesprochen habe.

$\mathcal{U}$nd das Zentrum?

So viele Irrwege, so viele Sackgassen, so viel „Sand", der uns den Blick auf die „Ecksteine" erschwert, der unser Glaubensglas unnötig füllt.

Was ist aber jetzt das Zentrum unseres Glaubens, der unverzichtbare Eckstein, ohne den alles Zusammenfällt?

Die Antwort ist so banal und einfach, dass ich noch eine kleine Geschichte voranstellen möchte.

Zur Zeit Jesu gab es zwei große Rabbiner, die oft unterschiedlicher Meinung waren. Aus ihrer Auseinandersetzung ist die folgende Anekdote überliefert:

„Ein Nichtjude kam zu Schammai, weil er Jude werden wollte, allerdings nur, wenn dieser ihn die ganze Thora lehren könne, während er auf einem Fuss stehe. Schammai schickte ihn daraufhin wütend weg. Daraufhin ging er zu Hillel mit demselben Anliegen. Dieser sprach zu ihm: „Was dir nicht lieb is, das tue auch deinem Nächsten nicht an. Das ist die ganze Thora. Alles andere ist nur Erläuterung"." (Quelle unbekannt)

Durchgesetzt hat sich interessanterweise Hillel!

Was ist also das Zentrum des Christentums? Erklärt, während man auf einem Bein stehen kann?

Das Leben und Wirken Jesu, seine Botschaft vom liebenden Gott, der alle Menschen über den Tod hinaus liebt, auch die Sünder, denen er vergibt und der uns in seine Nachfolge der Gottes-, Nächsten- und Selbstliebe ruft.

(Ich habe bewusst „Leben und Wirken Jesu" geschrieben, nicht „Jesu Christi" oder „Jesus, des Messias", nicht einmal „Jesus aus Nazaret" – all dies sind bereits wieder theologische Ausdeutungen der Person Jesu, die wieder leicht in die Irre führen.)

Alles andere (siehe die 15 vorangehenden Kapitel) sind Erläuterungen, oft in die Irre führende Erläuterungen.

Unzählige Bibelstellen gibt es, die diese bedingungslose Liebesbeziehung Gottes zu uns Menschen belegen, und zwar nicht erst im Neuen Testament mit Jesus, sondern schon lange vorher:

„Du hast mit allen Erbarmen, weil du alles vermagst, und siehst über die Sünden der Menschen hinweg, damit sie umkehren. Du liebst alles, was ist, und verabscheust nichts von dem, was du gemacht hast; denn hättest du etwas gehasst, so hättest du es nicht geschaffen. Wie könnte etwas ohne deinen Willen Bestand haben oder wie könnte etwas erhalten bleiben, das nicht von dir ins

Dasein gerufen wäre? Du schonst alles, weil es dein Eigentum ist, Herr, du Freund des Lebens." [8]

Wieviel ermutigender, lebensspendender, frohmachender ist dies doch als das Meiste von dem, was die Bischöfe uns tagtäglich so ans Herz (oder besser auf die Schultern) legen – und wie unnötig sind in diesem Geist Sühnerosenkränze, Ablässe und Ähnliches. In diesem Sinne darf ich Ihnen mit einem der häufigsten Aussprüche des Neuen Testamentes zurufen: Freuet euch!

Wie kann es weitergehen?

Der heutige Mensch (vermutlich nicht erst der heutige, sondern immer schon) fragt in vielen Dingen des Lebens: Was habe ich davon, was bringt es mir? Eine Frage, die vielleicht sehr oberflächlich ist, von der Kirche jedenfalls nicht gern gehört wird. Aber ist sie so falsch?

In früheren Jahrhunderten fiel der Kirche die Antwort leicht: Nur durch die Kirche, nur durch das Befolgen der Gebote und Vorschriften der Kirche hatte man die Möglichkeit, in den Himmel zu kommen. Ansonsten drohten Hölle und ewige Verdammnis.

Diese Antwort überzeugt (Gott sei Dank) heute nur noch die Wenigsten. Was also haben wir davon (oder sollten wir davon haben), an Gott zu glauben und zur Kirche zu gehören?

Zuerst einmal ganz banal, dass wir zu einer großen, starken Gemeinschaft gehören. Wir können in dieser Welt etwas bewegen, können Dinge zum Besseren wenden (Umwelt- und Klimaschutz, Sorge um Unterdrückte und existentiell Bedrohte, Einsatz gegen Hass und Hetze, aus welcher Ecke auch immer).

Unzählige Menschen und Organisationen beweisen das auch heute.

Damit dies gelingen kann, braucht es aber auch das beheimatet-sein in der kleinen, überschaubaren Gemeinde, in der man sich kennt und mag, sich freut, wenn man sich sieht (nicht nur am Sonntag in der Kirche, aber vielleicht auch).

Und was habe ich darüber hinaus ganz persönlich noch davon? Ich kann aus dem Glauben einen Sinn für mein Leben ziehen, mein Leben als sinn- und wertvoll erkennen. Ich kann mich befreien von den vielen kleinen Ängsten des Alltags, aber auch von der großen Angst, dass mein (irdisches) Leben einmal enden wird – weil ich weiß, dass es aufgefangen wird in der Liebe Gottes!

Sich geliebt zu wissen, angenommen zu sein gibt Kraft. Eine Beziehung zu Gott zu haben ist schön. Es ist entlastend, wenn sich nicht alles um mich selber drehen muss.

Kurz vor Drucklegung dieses Buches hat der Papst den Beginn eines zweijährigen weltweiten synodalen Weges für den 9.10.2021 angekündigt. Meine Einstellung zum Synodalen Weg in Deutschland habe ich in meinem Buch „Warum ich mich manch-mal schäme, katholisch zu sein" dargelegt. Ob der weltweite synodale Weg Erfolg haben wird, muss sich zeigen – ich bin skeptisch.

Zu guter Letzt

Damit bin ich am Ende meiner Gedanken und Überlegungen angelangt. Sie sollen vor allem Ermutigung zum eigenen Glaubensweg sein, die Freude am Glauben (neu) wecken, von unnötigem Ballast befreien.

Ich freue mich, wenn Sie mir Ihre Gedanken dazu mitteilen, auch über meine Bücher „Gedanken durch das Jahr", „Geschichten vom Leben", „Warum ich mich manchmal schäme, katholisch zu sein aber es noch immer bin", „Meine Perlen der Bibel", „Glaube leicht gemacht" und meine „Elfchen". Schreiben Sie mir per mail: buchkritik3@online.de

ein Dank

an meine Frau, die meine Bücher nicht nur auf Rechtschreib- und Grammatikfehler überprüft, sondern mir auch inhaltlich mit so manchem Tipp weiterhilft.

Und an Kolleginnen und Kollegen, die mit mir an dieser Kirche leiden, die trotzdem um der Menschen willen nicht aufgeben und resignieren, sondern für jede und jeden im Sinne und Geiste Jesu da sind, der an ihre Türe klopft!

Verzeichnis der Bibelstellen

1) S. 14   Ps 40,7

2) S. 14   Hos 6,6

3) S. 15   Jes 1,11-17

4) S. 24   Ps 8,7

5) S. 35   Ex 3,5

6) S. 38   Ps 8,7

7) S. 41   Mt 9,13

8) S. 48   Weish 11,23-26

Bei den Texten, die mit „Quelle unbekannt" gekennzeichnet sind, konnte ich die Urheberrechte nicht klären. Sollten solche bestehen, bitte ich um Nachricht.